yukismart.com/b/67ea53
AF408604
1
2

apple

苹果

píng guǒ

banana

香蕉

xiāng jiāo

pear

梨子

lí zi

cherry

樱桃

yīng táo

lime

青柠

qīng níng

lemon

柠檬

níng méng

quince

榅桲

wēn po

kiwi

奇异果

qí yì guǒ

grapes

葡萄

pú tao

watermelon

西瓜

xī guā

orange

橙子

chéng zi

clementine

小柑橘

xiǎo gān jú

strawberry

草莓

cǎo méi

raspberry

树莓

shù méi

cranberry

蔓越莓

màn yuè méi

blueberry

蓝莓

lán méi

currant

醋栗

cù lì

blackberry

黑莓

hēi méi

juice

果汁

guǒ zhī

jam

果酱

guǒ jiàng

toast

吐司

tǔ sī

grapefruit

葡萄柚

pú tao yòu

melon

甜瓜

tián guā

pomelo

柚子

yòu zi

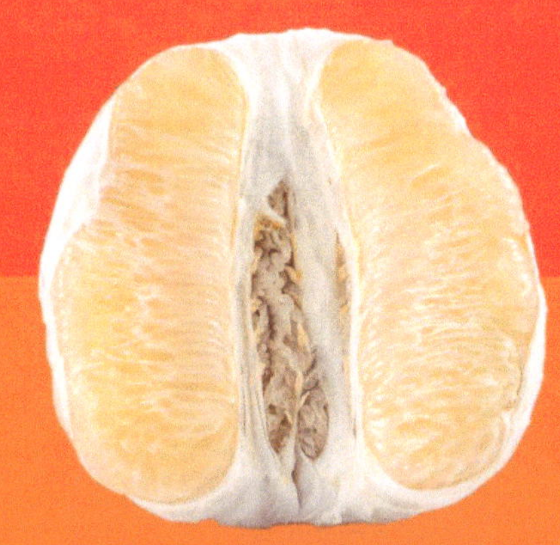

kumquat

金橘

jīn jú

mirabelle plum

黄香李

huáng xiāng lǐ

peach

桃子

táo zi

apricot

杏子

xìng zi

plum

李子

lǐ zi

pineapple

菠萝

bō luó

pomegranate

石榴

shí liú

olive

橄榄

gǎn lǎn

fig

无花果

wú huā guǒ

date

椰枣

yē zǎo

avocado

牛油果

niú yóu guǒ

lychee

荔枝

lì zhī

persimmon

柿子

shì zi

star fruit

杨桃

yáng táo

mango

芒果

máng guǒ

rambutan

红毛丹

hóng máo dān

longan

龙眼

lóng yǎn

langsat

兰撒

lán sā

mangosteen

山竹

shān zhú

jackfruit

菠萝蜜

bō luó mì

sapodilla

人心果

rén xīn guǒ

guava

番石榴

fān shí liú

jujube

枣

zǎo

durian

榴莲

liú lián

soursop

番荔枝

fān lì zhī

papaya

番木瓜

fān mù guā

dragon fruit

火龙果

huǒ lóng guǒ

coconut

椰子

yē zi

cocoa

可可

kě kě

chocolate

巧克力

qiǎo kè lì

potato

土豆

tǔ dòu

corn

玉米

yù mǐ

sweet potato

红薯

hóng shǔ

pumpkin

南瓜

nán guā

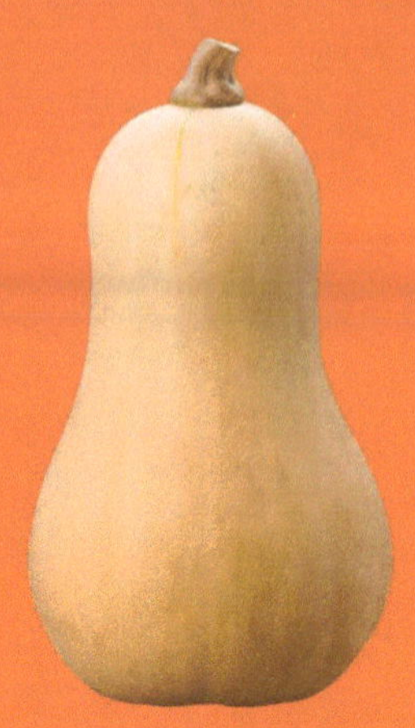

butternut squash

奶油南瓜

nǎi yóu nán guā

cassava

木薯

mù shǔ

spinach
菠菜
bō cài

cauliflower
菜花
cài huā

zucchini
西葫芦
xī hú lu

lettuce

生菜

shēng cài

cabbage

卷心菜

juàn xīn cài

eggplant

茄子

qié zi

turnip

芜菁

wú jīng

radish

小萝卜

xiǎo luó bo

beet

甜菜

tián cài

rhubarb

大黄

dài huáng

Brussel sprout

抱子甘蓝

bào zǐ gān lán

leek

韭葱

jiǔ cōng

mint

薄荷

bò hé

celeriac

芹菜根

qín cài gēn

endive

菊苣

jú jù

celery

芹菜

qín cài

peas

豌豆

wān dòu

chickpeas

鹰嘴豆

yīng zuǐ dòu

green bean

青豆

qīng dòu

red bean

红豆

hóng dòu

mung bean

绿豆

lǜ dòu

fennel

茴香
huí xiāng

parsnip

欧洲萝卜
ōu zhōu luó bo

bell pepper
甜椒
tián jiāo

chili pepper
辣椒
là jiāo

pepper
胡椒
hú jiāo

onion

洋葱

yáng cōng

garlic

大蒜

dà suàn

ginger

姜

jiāng

macadamia
夏威夷果
xià wēi yí guǒ

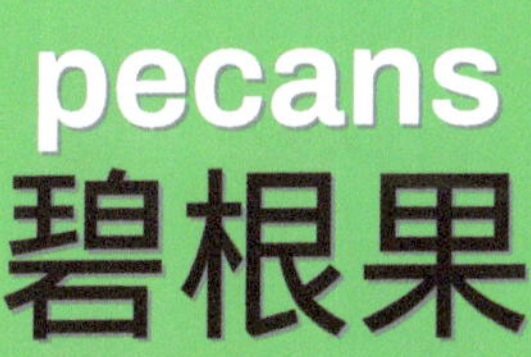

pecans
碧根果
bì gēn guǒ

cashew
腰果
yāo guǒ

hazelnuts
榛子
zhēn zi

almond
杏仁
xìng rén

pistachio
开心果
kāi xīn guǒ

peanut
花生
huā shēng

chestnut

栗子
lì zi

walnuts

核桃
hé táo

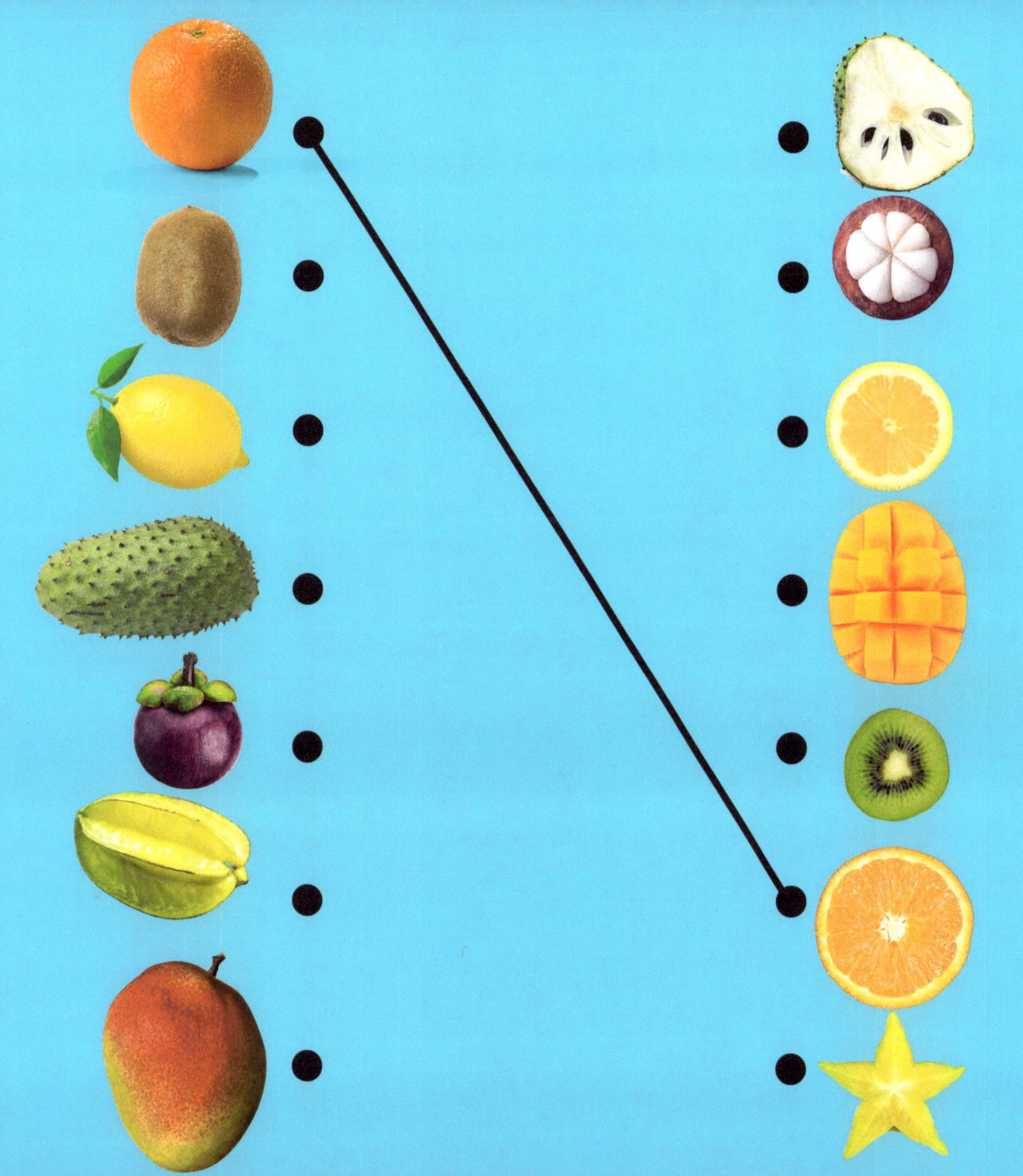